99 Affirmations

Ultra-Puissantes pour

Gérer Le Stress

Restez Calme En Toutes
Circonstances,

Soyez Maître De Vos Émotions

Frank Costa

Table des matières

...

Je suis le maître absolu de mes sentiments, et je choisi le calme et la paix

Je suis un être merveilleux et mon attitude calme le reflète

Je crois en ma capacité à être fort et calme en toute situation

...

Introduction à la série

« Les seules limites sont celles que l'on s'impose »

Tout d'abord, je veux vous remercier et vous féliciter pour avoir téléchargé ce livre. Par cet acte en apparence si simple, vous démontrez à l'Univers que vous êtes prêt à agir pour devenir l'acteur et l'artisan de votre réalité, que vous avez décidé de faire ce qu'il fallait pour être plus heureux et plus épanoui.

Mais comment faire pour transformer ce premier pas en outil de changement puissant ? En utilisant un outil tout simple, gratuit, toujours disponible, qui ne demande que quelques instants chaque jour et qui ne nécessite aucun apprentissage : les affirmations.

Grâce à celles-ci, à la puissance du Verbe (qu'il soit prononcé verbalement ou intérieurement) vous reprendrez le contrôle de votre vie, un contrôle total si vous le souhaitez. Et pour cela, nul besoin d'attendre ou de suivre une formation : vous pouvez commencez aujourd'hui, et même maintenant !

On pourrait définir une affirmation comme une déclaration positive d'un fait ou d'un état comme s'il était déjà manifesté, formulée énergiquement et avec confiance. En réalité, vous le faites déjà tout ou long de la journée, souvent inconsciemment. Tout ce que vous pensez, tout ce que vous dites est une affirmation, une déclaration positive ou négative. Dès lors, il faut choisir avec soin ce sur quoi vous voulez vous focaliser, car cela tendra à se manifester ou se maintenir en l'état.

Les affirmations fonctionnent pour absolument tout, que ce soit pour améliorer vos conditions de vie, votre santé, trouver le travail de vos rêves, attirer la richesse… ou pour améliorer votre vie intérieure, progresser, rencontrer l'amour, vivre dans la joie, être respecté, vous défaire d'une habitude néfaste…

Quand vous constaterez les premiers résultats, qui arrivent parfois très vite, vous progresserez encore plus rapidement, car vous *saurez* que cela fonctionne. Débarrassé du doute et de la peur, vous reprendrez confiance en votre pouvoir créateur naturel et cela accélérera la manifestation de vos affirmations.

Les affirmations sont connues depuis les temps les plus reculés et sont utilisées avec succès par tout ce que le monde compte de champions, de grands sportifs, d'hommes d'affaires ayant réussi, de stars du cinéma ou de la chanson, de scientifiques brillants...

Comme eux, vous aussi pouvez apprendre à débloquer votre pouvoir et votre potentiel pour atteindre tous vos objectifs et relever tous les défis de la vie, qui sont là pour vous faire grandir en vous poussant à vous dépasser.

Pour utiliser efficacement les affirmations, vous n'avez qu'une chose à faire : vous en servir au quotidien, le plus souvent possible, avec foi et confiance. Si ces deux derniers éléments sont absents au départ, ou vous quittent par moment, ne vous inquiétez pas et continuez à travailler sur votre réalité à l'aide de vos affirmations. Au bout de quelques temps, des signes commenceront à apparaître qui vous indiqueront que vous êtes sur la voie de la transformation, et cela vous redonnera confiance.

Bien sûr, si vous affirmez une phrase telle que « L'argent vient à moi facilement chaque jour » et que votre réalité actuelle ne vous permet même pas de payer vos factures, vous allez en être conscient. Le but des affirmations n'est pas de vous mentir à vous-même ou de vous masquer la réalité des choses.

Le but est tout simplement de transformer la réalité actuelle en utilisant le pouvoir du Verbe. Donc, au bout d'un certain temps, les affirmations commencent à transformer votre paysage intérieur. **Tout commence toujours à l'intérieur, pour se**

manifester à l'extérieur. On peut également dire, en renversant cette proposition que **tout ce que vous voyez se manifester dans votre vie est le reflet de votre paysage intérieur.** C'est la même chose. Le monde est un miroir.

Par conséquent, en affirmant la richesse là où se trouve la pauvreté, la santé là où se manifeste la maladie, la joie là où il y a la tristesse, vous décidez d'effacer une illusion pour la remplacer par une qualité d'essence divine. En persévérant dans cette voie, en maintenant une nouvelle vision, l'Univers n'a pas d'autre choix que de modeler votre réalité sur votre paysage intérieur, car les deux sont indissociables.

Quand votre réalité commence à changer, vous devez continuer à faire votre part et à travailler avec l'Univers. Bien qu'il soit possible que des choses semblent se manifester « comme par magie » dans votre vie et que ce qu'on nomme « la chance » vous accorde ses faveurs, vous aurez en général à concrétiser des opportunités et à saisir les occasions quand celles-ci se présenteront.

Comme vous dégagerez des vibrations positives, vous commencerez à attirer sur votre chemin les personnes et les situations qui vous permettront d'avancer en direction de votre but. Et comme vous saurez pourquoi ces personnes et ces situations se manifestent, que vous saurez que c'est la réponse de l'Univers à votre requête, vous aurez la confiance et la motivation nécessaires pour agir. Vous n'hésiterez pas, que ce soit pour accepter un nouveau poste, prendre des responsabilités ou procéder à des changements radicaux dans votre vie. Vous vous sentirez maître de votre destin et vous libérerez de la peur paralysante et des doutes sclérosants.

Les affirmations contenues dans ce livre sont suffisamment nombreuses et variées pour que vous trouviez celles qui vous correspondent. Elles sont là pour être utilisées, alors servez-vous en !

Explorez-les sans limites. Si certaines d'entre elles entrent en résonance avec vous au départ mais qu'au fil du temps elles vous touchent moins, sentez-vous libre d'en changer. Vous pouvez même écrire les vôtres ! L'important est qu'en les utilisant, vous sentiez qu'elles vous transforment d'une manière positive et qu'elle vous donnent une énergie nouvelle. En travaillant de cette façon, des miracles se produiront dans votre vie.

Comme pour leur choix, ne vous limitez pas quant à leur utilisation. Vous pouvez utiliser les affirmations tout le temps et partout, en toutes circonstances. Elles peuvent aussi bien vous être d'un grand réconfort dans les épreuves et les situations compliquées que quand tout va bien. Ne cessez jamais de les utiliser.

Si vous êtes dans une phase négative, elles ont le pouvoir de transformer rapidement la situation de la meilleure manière possible. Si vous êtes dans un cycle positif, elles contribueront à le maintenir et l'embellir encore.

Au-delà de la résolution de problèmes et de l'atteinte d'objectifs, travailler quotidiennement avec les affirmations vous reconnecte avec l'énergie divine, ou l'énergie universelle si vous préférez ce terme. Peu importe que vous ayez une croyance ou non. Faites exactement ce qu'il faut faire, suivez la méthode que je vais détailler pour vous dans un instant, et vous obtiendrez des résultats qui dépasseront toutes vos espérances.

Vous êtes ici pour être heureux, sains, ne manquant de rien et vous réalisant à travers l'activité qui vous correspond et qui sera utile pour le plus grand nombre. Vous êtes unique et vous avez quelque chose d'unique à offrir au monde. En utilisant les affirmations, vous serez naturellement amené à vous accomplir.

L'utilisation des affirmations est comme un raccourci, une voie express vers la manifestation de ce que vous voulez dans votre vie. Si vous ressassez toujours vos problèmes, que vous vous plaignez de ce qui vous fait souffrir, vous affirmez une réalité et empêchez tout changement de fond.

Peu importe que vous ayez raison ou tort, ou que votre problème soit « réel » et vous paraisse insurmontable. Si vous voulez vraiment vous en débarrasser et renaître à une vie nouvelle, vous n'avez pas de temps à perdre à ruminer des idées et des sentiments négatifs, que ce soit envers vous ou envers d'autres personnes, la société, Dieu, la météo ou que sais-je encore.

Au lieu de cela, dites adieu à votre ancien monde et accueillez **dès aujourd'hui et sans réserve** celui que *vous* aurez choisi. Cela est si simple que vous vous demanderez très bientôt comment vous avez pu abdiquer votre pouvoir créateur pour nourrir les faux maîtres que sont vos propres pensées et sentiments négatifs, pures illusions sur lesquelles vous avez toujours eu prise.

La Méthode

Vous savez maintenant ce que sont les affirmations et ce qu'elles peuvent faire pour vous. Il est temps à présent de vous en servir.

Voici la méthode simple en trois étapes pour obtenir des résultats rapides :

1. **Choisissez** entre trois et sept affirmations parmi celles qui suivent + créez la vôtre.
2. **Répétez** ces affirmations tranquillement le matin au réveil et le soir avant de vous coucher + le plus souvent possible au cours de la journée.
3. **Écrivez**-les sur un cahier dédié chaque jour, au minimum une fois, dans l'idéal entre 10 et 25 fois chacune.

Combien de temps devez-vous pratiquer cela ? Jusqu'à ce que vous ayez atteint les résultats attendus. Cela peut-être très rapide ou un peu plus long. Il s'agit d'implanter une nouvelle vision des choses, de nouvelles croyances et de nouveaux sentiments dans votre subconscient. Dès l'instant où cela est fait, les changements suivent automatiquement.

Un minimum de 21 jours est recommandé dans tous les cas. Une « cure » d'affirmations sur un sujet donné de 90 jours transformera votre vie dans le sens que vous souhaitez et même au-delà.

Une fois votre but atteint dans un domaine, vous pouvez vous consacrer à un autre domaine et ainsi de suite. Vous êtes redevenus maître de votre vie. Repoussez les limites. Amusez-vous à créer votre réalité avec des objectifs de plus en plus grand.

Et rappelez-vous que les seules limites que nous rencontrons sont celles que nous nous imposons.

Note sur les affirmations

Bien que la plupart des affirmations qui suivent soient formulées au présent et de manière positive, certaines échappent à cette règle. En effet, comme toute règle, celle-ci n'est pas absolue et chez certaines personnes, le fait de désigner un mal ou d'indiquer ce que l'on souhaite pour le futur peut générer un puissant sentiment de bien-être et de sécurité, sentiments contribuant à accélérer la manifestation. Si tel est votre cas, n'hésitez pas à inclure une ou deux affirmations de ce type dans votre sélection.

D'autre part, certaines affirmations sont très proches l'une de l'autre et peuvent *sembler* quelque peu répétitives. Toutefois, tout comme en musique, les nuances sont importantes et chaque terme a une vibration qui lui est propre, chaque tournure de phrases fera résonner différemment en vous les mots qu'elle contient.

Essayez de trouver les affirmations qui suscitent chez vous le plus d'émotions positives. Ce sont celles avec lesquelles vous obtiendrez les meilleurs résultats, dans les délais les plus courts.

Affirmations

J'aborde chaque nouvelle journée avec gratitude

Quand je suis tendu, je respire lentement et je sens le stress quitter mon esprit

Je suis conscient que je créé mon stress et qu'en équilibrant mes pensées, je suis capable d'en prendre le contrôle

Je suis capable d'avoir des pensées calmes quand je le souhaite

J'accepte les autres et je respecte les différences d'opinion

Je prends du temps pour moi et cela me permet d'avancer de manière positive

Je prends de bonnes décisions fondées sur le bon sens

J'ai la capacité de surmonter mon stress et de rester calme

J'ai la capacité d'évacuer le stress à volonté

Je suis rempli d'amour et j'accepte d'être qui je suis

Je choisis d'être pleinement conscient et cela diminue mon stress

Je me libère de tout stress concernant mon travail et je l'apprécie d'autant mieux

Je remplace chaque pensée négative par une pensée positive

Je suis calme et posé en toutes situations

Je suis capable de lâcher mes pensées négatives

Je suis en mesure de faire face au stress et de toujours retrouver mon calme

Il m'est facile de laisser les sentiments négatifs de côté

Je vis dans l'instant présent et j'apprécie ce qu'il m'offre

J'aime ce que la vie m'offre et cela me détend

Il n'y a aucune place dans ma vie pour les pensées négatives

J'enrichis la vie des personnes autour de moi avec ma positivité

Je sais rester positif, même dans les moments de doute

Je crois en ma capacité à être fort et calme en toute situation

Je ressens un grand soulagement quand j'oriente mes pensées positivement

Je refuse de laisser le stress altérer mon optimisme et ma joie

J'aime être moi-même et partager le côté positif de ma nature

J'aime ma vie, je gère bien le stress et je suis heureux

Je lâche toutes les vieilles rancunes qui m'empêchent d'être détendu

Je suis capable de vivre une vie libre de tout stress

Je ne permets pas à la négativité de me contrôler

Le stress n'a aucune prise sur moi

J'aime respirer lentement et sentir le calme s'installer en moi
Je suis plus fort que je l'ai jamais été en acceptant qui je suis

Je suis capable de transformer le négatif en positif

Je suis plus fort que tous les problèmes que je peux rencontrer

Mon présent est maintenant libéré de toute négativité passée

J'aime évoquer les événements heureux et cela m'apaise

Mes pensées de colère sont à présent remplacées par des pensées pacifiques

Je sais que ma vie sera chaque jour meilleure que la veille

J'ai le contrôle de mes émotions et je les choisis uniquement positives

Je suis calme et serein en étant moi-même

Je suis rempli de bonheur et de joie et rien ne peut m'enlever cela

Je suis plus calme que la plupart des gens et on m'apprécie pour cela

Je suis reconnaissant pour la paix qui est dans ma vie

J'aime méditer sur les bonnes choses de la vie

Mon subconscient me donne la force de caractère dont j'ai besoin

Je suis un être merveilleux et mon attitude calme le reflète

Je suis capable de transformer consciemment le stress en expérience positive

Je sais que ma force intérieure m'aidera toujours à traverser toutes les épreuves

Je sais faire ressortir le positif chez les autres

Je sais que les situations stressantes sont là pour m'apprendre la patience et l'empathie

Je ne m'attarde pas sur les détails de la vie quand ils sont négatifs

Je suis aussi fort que je dois l'être, au moment où je dois l'être

Je suis reconnaissant envers les personnes positives que je rencontre

Je suis conscient de l'impact du stress sur ma vie et je suis capable de le mettre de côté

Je ne crains pas le stress car il ne me touche pas

Je reste calme face à toute situation stressante
Je met de l'ordre dans ma vie et je ressens un grand calme pour cela

Je suis en mesure d'apprécier la vie et de garder un point de vue positif

Je suis en mesure de faire face au changement et de m'adapter

Chaque jour, je deviens plus fort et ma volonté se renforce

Quand je médite, je ressens instantanément moins de stress dans ma vie

Je suis libre de tout stress maintenant que je sais penser positivement

En respirant calmement, je suis capable de gérer toute situation stressante

J'aime aller au contact de la nature car cela me ressource et me détend

Je suis heureux d'être qui je suis et cela m'aide à rester calme

J'entraîne mon corps et mon esprit à rester calme en toutes circonstances

Je suis libre de toute inquiétude et confiant en la vie

Je sais que le stress bien géré peut enrichir ma vie

Je suis calme et serein car je prends le temps de profiter de la vie

Je vais avec le courant de la vie et tout se passe de la meilleure façon

J'accepte volontiers le changement et l'accueille avec sérénité

Mon optimisme me permet de profiter de la vie au maximum

Chaque jour, ma paix intérieure augmente
Je suis capable de faire plus et mieux que je ne l'aurais jamais imaginé

Je fait face à mes démons avec calme et maturité

Mes amis apprécient mon caractère positif

Maintenant que je sais faire face au stress, j'accueille l'inconnu avec joie

Je sais laisser tous mes soucis derrière moi et avancer calmement

Je suis détendu car je sais que je peux faire tout ce que je veux

Les situations stressantes me permettent d'être encore plus productif

Je suis quelqu'un de précieux, qui a beaucoup à offrir

Je ne laisse pas le stress remplir mon esprit et mon cœur

Je sais que le stress est gérable et je le gère

Il n'y a pas de place pour le stress dans ma vie et je suis heureux

Je suis un être humain positif avec des valeurs positives

Je suis calme et centré dans ma vie

Je mène ma vie à ma manière et elle m'apporte beaucoup de bonheur

Je suis plus fort maintenant que je l'ai jamais été

Je fais ce qu'il faut pour laisser aller le stress

Je suis un aimant pour les gens qui recherchent le calme

Je suis libre de tout stress parce que c'est la voie que j'ai choisi

Je suis capable de ralentir mon rythme cardiaque en me relaxant

J'enrichis ma vie par la pensée positive

Quand je suis tendu, j'ai toujours le réflexe de m'arrêter et de respirer

Je suis capable de discuter de n'importe quel sujet en restant calme et positif

Je sais que le stress appartient désormais au passé et cela me détend encore plus

J'ai banni tous les sentiments négatifs de ma vie et tout se déroule parfaitement

Je suis le maître absolu de mes sentiments, et je choisi le calme et la paix

+

Inspirez-vous de ce qui précède, et rédigez ici *votre affirmation*.

En guise de conclusion

Les affirmations ci-dessus sont très puissantes mais n'oubliez pas que si vous ne vous en servez pas… il ne se passera rien.

Pour obtenir des résultats, il vous faut pratiquer sur une base quotidienne. La répétition est un facteur-clé. Il vous faut transformer vos vieux schémas de pensées pour les remplacer par de nouveaux que *vous* aurez choisi.

Suivez simplement le plan en trois étapes simples que je vous ai présenté en introduction et regardez ce qui se passe.

Vous êtes au bord d'un changement de vie radical, qui vous conduira vers la richesse, le bonheur, la santé, l'épanouissement personnel dans tous les domaines de votre vie et la réalisation de vos rêves les plus chers.

Ne laissez pas votre mental vous bloquer et *pratiquez* sans cesse, au besoin *malgré* le doute et le découragement car

« *L'heure la plus sombre précède toujours l'aube* »

Alors des miracles se produiront dans votre vie.

C'est tout le bonheur que je vous souhaite.

Frank

Merci !

Avant de nous quitter, je veux vous remercier et vous féliciter une nouvelle fois pour avoir pris le temps de lire ce livre.

Si vous avez aimé ce que vous y avez découvert ou si vous voulez témoigner des changements positifs survenus en pratiquant la méthode simple exposée ici, pourriez-vous prendre quelques instants pour laisser une évaluation sur le site d'Amazon ?

Chaque commentaire est précieux et permet aux auteurs de toujours s'améliorer, et aux lecteurs de se repérer dans la multitude de livres existant.

Merci à vous !

www.ingramcontent.com/pod-product-compliance
Lightning Source LLC
Chambersburg PA
CBHW071317280526
45788CB00004B/1924